Jogo de Palavras

J. Guinsburg

Jogo de Palavras

Ateliê Editorial

Copyright © 2018 J. Guinsburg
Direitos reservados e protegidos pela Lei 9.610 de 19 de fevereiro de 1998.
É proibida a reprodução total ou parcial sem autorização,
por escrito, da editora.

Dados Internacionais de Catalogação na Publicação (CIP)
(Câmara Brasileira do Livro, SP, Brasil)

Guinsburg, J.
  Jogo de Palavras / J. Guinsburg – Cotia, SP: Ateliê
Editorial, 2018.

  ISBN: 978-85-7480-783-6

  1. Poesia   2. Poesia brasileira   I. Título.

17-10734   CDD-869.1

Índices para catálogo sistemático:
1. Poesia: Literatura brasileira   869.1

Direitos reservados à
ATELIÊ EDITORIAL
Estrada da Aldeia de Carapicuíba, 897
06709-300 – Cotia – SP
Tels.: (11) 4612-9666 / 4702-5915
www.atelie.com.br | contato@atelie.com.br
blog.atelie.com.br | facebook.com/atelieeditorial

Printed in Brazil 2018
Foi feito depósito legal

*Para Gita e Ruth
essas palavras, algumas das quais
não são palavras em jogo.*

Sumário

Apresentação – Roberta Estrela D'Alva 13

JOGO DE PALAVRAS

No Espaço do Infinito 19
Roleta Russa 20
Na Dobra do Tempo 21
Jeito 22
Des-converso 23
Tu És 24
Jogo 25
Romeu e Julieta 26
Inspiração 27
Miragem 28
Beirando 29
Hamletiana 30
Alea Jacta Est 31
Relativo à Relatividade 32
Particípio Presente 33
No Entanto 34
Em Tempo 35
Poeira 36
Mérito 37
Joaquim Barbosa 38

A Fiel da Balança *39*
Justiça Celeste *40*
Costume *41*
Nome *42*
Amém *43*
Filosofia Barata *44*
Kingue-pongue *45*
Pena Capital *46*
Visão *47*
Entendimento *48*
Caixinha de Música *49*
Sou? *50*
Fundamentalismo *51*
O Jogo *52*
Cavaleiro *53*
Quem Paga o Pato? *54*
Eu Gostaria *55*
A Verdade *56*
A Forma *57*
O Que Direi *58*
Olhando *59*
Grotão *60*
Adailson *61*
História *62*
Resposta *63*
Pincel *64*
Você *65*

Quem? *66*
Gerúndio *67*
Vou-me Embora pra Brasília *68*
Bússola *69*
Mal-Dito *70*
Discurso *71*
Senso *72*
Escritor *73*
O Livro *74*
Azul Sobre Anil *75*
Fim *76*
Sempre *77*
Ser *78*
Bem e Mal-sucedido *79*
Voo Amigo *80*
Re-canto *81*
Tempo de Espera *82*
Silêncio *83*
O Rito em Atrito *84*
Vez *85*
Da Sombra *86*
Miragem *87*
Lixeira *88*
Fuzarca *89*
Banzé *90*
Ninharia *91*
Salve! *92*

Visão 93
O Escritor... 94

Apresentação

"Obrigado por ter feito de mim um poeta", o professor Guinsburg me disse com sua generosidade característica. Fui lhe dar um abraço no final da leitura de seus poemas para agradecer tamanha honra em dizer aquelas palavras. Comemorávamos juntos, novos e antigos amigos, alunos, professores, escritores, funcionários e familiares, os cinquenta anos da Editora Perspectiva, e atrás de mim, em uma das salas da Casa Guilherme de Almeida em São Paulo, aumentava a fila para cumprimentá-lo.

Lembro-me até hoje do dia em que, na saleta do professor na editora, sentada em frente a sua mesa ao lado de Dona Gita, ele mencionou os tais poemas. Tinha ido até ali para ouvir seu parecer sobre o meu livro *Teatro Hip-Hop*, resultado de uma pesquisa orientada pela minha professora-musa Jerusa Pires Ferreira, amiga e companheira intelectual de Jacó de longa data.

Com sua usual maestria ele fez precisas observações e sugeriu o nome do último texto: "Em Rede". Na hora eu nem entendi muito bem o título, porque na minha percepção, ele não tinha uma ligação tão direta assim com o texto, mas aceitei a sugestão. Depois, vendo o título no contexto geral do livro pensei comigo: "Olha que danado! Ficou perfeito, na mosca!" Coisa de editor-xamã...

O último capítulo do meu livro fala da chegada ao Brasil dos *poetry slams*, batalhas de poesia falada que estão espalhadas em mais de quinhentas comunidades no mundo inteiro. O professor Jacó começou a tecer sua rede de conhecimentos sobre poesia, oralidades e performance, aos quais fiquei atenta tentando absorver as sínteses--*insights*, que eu sabia, pertenciam àquela performance, ao encontro vivo de nossas memórias e não se repetiriam novamente.

E foi em meio ao assunto "poesia" que surgiu a revelação de que o professor tinha alguns poemas inéditos!

Dona Gita dizia: "Mostra pra ela Jacó, são ótimos e ela adora poesia..."

E ele: "Ah... são só uns poeminhas curtos que eu escrevi recentemente, não é nada demais..."

E eu: "Ahhh, professor, mostra vai?!? Por favor!"

Então ele tirou um maço de papel da gaveta com os poemas e começou a ler. Os poemas eram ótimos! sagazes! divertidos!

Ele me passou os papéis para que eu também lesse alguns e ali o encontro se deu. Desde o minuto em que peguei os papéis na mão, coloquei os olhos naquelas palavras e fui lendo em voz alta, imediatamente me familiarizei com os versos. Parecia que já conhecia aqueles textos que quase pediam pra serem ditos!

Imediatamente, disse a ele, fazendo o papel de uma editora às avessas: "Você vai publicar, professor?" E para a

Dona Gita: "A gente tem que fazer alguma coisa com isso! Posso ler em algum lugar?"

De Romeu e Julieta a um Kafka roncando entediado, de Joaquim Barbosa ao mestre Rodin tomando coca-cola no Shopping Itatiaia, tudo pode ser encontrado nesses versos. A dança silábica de Kingue-pongue. A delicada saudade do irmão Jaime, Haim. Tudo ali. Todo humor tão peculiar e característico, a crítica agri-cômica e toda a profundidade que inteligências como as do professor Jacó são capazes de revelar de maneira simples.

Artista da voz que sou, sempre vou querer falar em voz alta os poemas que encontro e que despertam minha curiosidade, meus sentidos. Os textos do professor Jacó são um convite ao "dizer" e basta respeitá-los. Saber ouvi-los antes de dizê-los pra poder respirar onde pedem para serem respirados, para encaixar as pausas onde pedem silêncio, dançar nas suas velocidades, nos seus graves e agudos. Está tudo ali na página pedindo pra ser revelado, é só não atrapalhar o que já é!

Digo sem hesitar que Jacó Guinsburg não é um poeta! Nem um reles "poetastro", como brinca em "Justiça Celeste", um dos poemas presentes nesta publicação. Jacó está mais para uma galáxia onde orbitam memórias, feitos, livros, poemas, pessoas... E é realmente uma alegria fazer parte desta história.

Obrigada por reunir tudo o que você reúne a sua volta. Obrigada por tudo o que foi feito até aqui e pelo que ainda será! Parabéns por mais um ano de vida professor Jacó Guinsburg! Em nome de muitos, eu é que lhe agradeço: Obrigada, muito obrigada!

Roberta Estrela D'Alva
13 de setembro de 2016

Jogo de Palavras

No Espaço do Infinito

Para Jaime, Haim
meu irmão

No espaço infinito da ausência
as palavras que emudecem
são rastros de pedra da tua lembrança
que até um dia permanecem.

Havel havalim, "Névoa de nada..."

7.7.2012

Roleta Russa

No giro das palavras:
cara ou coroa! —
a mentira da verdade,
a verdade da mentira.

7.8.2012

Na Dobra do Tempo

Diante de ti
na dobra do tempo
a manhã que não amanhece.

Atrás de ti
na dobra do tempo
a vida que se desvanece.

25.8.2012

Jeito

Para Ruth

Jeito
afeito
ao preito
do perfeito,
espreito
o defeito
do conceito...

28.8.2012

Des-converso

Para Gita

Imerso	Converso	Disperso
no verso	imerso	no verso
reverso	no verso	reverso
de meu universo	reverso	do universo
transverso –	de meu universo	transverso –
converso.	transverso.	malverso.

28.8.2012

Tu És

Tu és o meu poema,
escrito com a luz de teu olhar,
com o sopro de teu alento,
com a pregnância de teu gesto.

Tua presença faz a letra de meu estro,
a rima de meu verso,
a estrofe de meu ser.

Tu és a poesia de meu poema.

29.8.2012

Jogo

Para Flávio e Marcelo

Na quadra do rei
joguei a bola da vez —
errei,
não encestei.
Perdi a medalha
no prélio da grei.

31.8.2012

Romeu e Julieta

I
Ele olhou.
Ela viu.
Ele insistiu.
Ela sorriu...

II
Ele esperou.
Ela atrasou.
Ele zangou.
Ela chorou...

III
Ele convidou.
Ela relutou.
Ele prometeu.
Ela cedeu...

IV
Ele desconfiou.
Ela negou.
Ele acusou.
Ela jurou...

V
Ele sossegou.
Ela respirou.
Ele dormiu.
Ela sumiu...

4.9.2012

Inspiração

Com Coca-Cola na mesa, ao lado da samambaia,
no décimo andar do Shopping Itatiaia.
Quem está ali sentado nesse calor?
Ora, vejam só: Rodin, o escultor!
– Você aqui e não em Paris?
– Fugi do museu. Escapei por um triz.
Vim para cá, para este país,
onde nem ao emérito curador,
nem ao crítico arrasador
é dado meter o nariz
e eu posso respirar, comer pipoca e pensar.
– Pensar o quê, excelso criador?
– Ora, meu caro versejador,
pensar O Pensador...

6.9.2012

Miragem

Na rua que sobe e desce,
errei pelo caminho que não se conhece,
na esperança que não arrefece,
de encontrar o sonho que não se esquece.

9.9.2012

Beirando

À beira da rua,
à beira da Lua,
   encanto.

À beira do canto,
à beira do pranto,
   espanto.

12.9.2012

Hamletiana

Experimento que sou o que sou.
Não sou o que experimento que sou.
Experimento que não sou o que sou.
Sou o que experimento que sou.
Sou ou não sou?

Hamlet, decida-se!

12.9.2012

Alea Jacta Est

Ela é meiga
Ela é terna
Ela é bela.

No atrito
Não é do grito
Nem do pito.

Não entra em mazela
Não faz rolo
Não dá trela.

Mas não se iluda
Com esse doce ar que o estuda:

Firmado o seu veredito
Chancelado por um tenho dito —
Você está é frito.

24.9.2012

Relativo à Relatividade

Relativamente alto
Relativamente baixo
Relativamente branco
Relativamente preto
Relativamente racional
Relativamente animal
Absolutamente igual
a ninguém em especial.

10.10.2012

Particípio Presente

Afro-descendente
Luso-ascendente
Indo-remanescente
Ítalo-incidente
Nipo-convergente
Sino-emergente.

19.10.2012

No Entanto

No desencanto
Do pranto
O santo espera
No entanto
O encanto
Do canto
No recanto
De seu acalanto.

5.11.2012

Em Tempo

O tempo de ter tempo
de ter tempo
passou.
O tempo de não ter tempo
de ter tempo
se escoou.
O apito soou.
O tempo acabou.

Em tempo:
A torcida vaiou,
O tempo fechou.

9.11.2012

Poeira

Desfeito no percurso
de teus passos,
O rastro de teus dias
é imagem refeita de teus traços.

10.12.2012

Mérito

Inquérito:
Professor emérito.
Doutor pretérito.
Aluno demérito.

17.12.2012

Joaquim Barbosa

Na restinga da Marambaia
não restou nem cupim
pra contar a maracutaia.

18.12.2012

A Fiel da Balança

Branco sobre branco:
Branco.
Preto sobre preto:
Preto.
Branco sobre preto:
Alvinegro.
Viva o Corinthians!

6.2.2013

Justiça Celeste

Olhei para o alto
em busca de meu astro.
O anjo da guarda deu um salto
e abriu seu cadastro.
O registro estava escrito
na tinta azul do firmamento.
Ao ruflar das asas do julgamento
e com um sorriso maroto,
leu em bom som e alto:
– Ele é um poetastro!

8.2.2013

Costume

Estou tão acostumado
comigo mesmo
que não consigo me desacostumar
do costume
de estar acostumado.
?!...!?...?!...........................

1.3.2013

Nome

Teu nome,
tantas vezes por mim escrito,
tornou-se mito
que nem o tempo consome.

Teu nome,
tantas vezes por mim escrito,
desfaz-se no mito
que o tempo consome.

Teu nome.
tantas vezes por mim escrito,
desfaz-se no tempo
que o mito consome.

9.4.2013

Amém

Ele abriu a carta:
era do além.
Nela estava escrito:
pessoal e confidencial,
para você e mais ninguém,
mas atente à letra em negrito:
Vem!
É para o seu bem.
Amém!
O ano que vem em Jerusalém.
E em Belém...

10.4.2013

Filosofia Barata

Com o dedo apontado
para o ser destinado
no tempo devido
pelo signo remido,
garantiu-me o estar-aí
que sempre esteve-ali
e nunca deixará de estar-lá.
God save the King!

22.4.2013

Kingue-pongue

Olhei pelo buraco da fechadura:
na abóboda infinda do universo
não havia parede nem rachadura,
era verso e reverso
de seu espaço em curvatura.
Cansado de minha varredura,
abri o livro de capa dura:
Einstein me mostrou a língua
e me disse com candura:
– Não insista na leitura,
Deus não joga dados
nem aqui, nem em Singapura!
Não perdi a compostura
nem fiquei de caradura.
Abri o rolo sem costura.
Na letra certa da escritura,
li, com a voz da criatura,
a promessa eterna da língua futura:
– Bingue-bangue, bangue-bangue,
Kingue-kongue, singue-singue,
singue-songue
mas nada de Pingue-pongue!

22.4.2013

Pena Capital

Kafka dormiu.
A porta abriu.
O guarda saiu.
O tribunal se constituiu.
A sineta tocou.
A sessão começou.

A acusação disparou.
A defesa contestou.
Com o Livro na mão,
o juiz despachou:
– Na culpa sem perdão,
a pena é do talião.

A Lei condenou.
O escrivão anotou.
O público se coçou.
A mosca voejou.
O réu bocejou.
Kafka roncou.

23.4.2013

Visão

Do fundo negro da idade
ele quis vislumbrar
a luz branca da verdade,
mas só lhe foi dado ver
o céu opaco da cidade

14.8.2013

Entendimento

Olharam-se
e não se viram.
Juntaram-se
e não se uniram.
Separaram-se
e não se desligaram.
Enterraram-se
e não se perdoaram.

15.8.2013

Caixinha de Música

Da caixinha de música,
o mundo perdido
do teu sonho de criança,
se fez o som sofrido
da velhice sem esperança.

19.8.2013

Sou?

Tu és
    eu?
Eu sou
    tu?
Não sei.
    Serei?

24.4.2014

Fundamentalismo

Demonstração:
O fundamento de tudo
é
a fundamental fundamentação
fundante
de todo fundamento.

Como fica demonstrada
sem contestação

8.12.2014

O Jogo

Na mesa do tempo,
o jogo da vida:
vermelho para você,
preto para mim.
Eu perdi,
você ganhou.
A partida terminou,
o jogo recomeçou.

8.12.2014

Cavaleiro

Tu passaste
pelo céu de nossas esperanças,
Cavaleiro,
como a estrela vésper
de um radiante dia
do amanhã,
que se desfez
na sombra infinita
de teu sonho,
Cavaleiro de nossas esperanças.

8.12.2014

Quem Paga o Pato?

Quem paga o pato
no meio do mato
o pulo do gato
na toca do rato.
É a força do fato
e a pena do pato:
lava-jato.

30.3.2015

Eu Gostaria

Eu gostaria
de ter as palavras
que não tenho
para te dizer
o que não digo,
mas, gostaria...

Eu gostaria
de dispor das cores
que não disponho
para te ver
como não vejo,
mas, gostaria...

Eu gostaria
de criar os sons
que não crio
para te ouvir
como não ouço,
mas, gostaria...

Fico no gosto.

7.4.2015

A Verdade

A minha verdade,
A tua verdade,
A nossa verdade.
Qual verdade?
A verdade da verdade.
É verdade?

8.6.2015

A Forma

In-forma
re-forma
trans-forma
de-forma
com-forma
per-forma
em-forma

8.6.2015

O Que Direi

Quero dizer
o que você disse
que eu não disse.
Mas quis dizer.

Não é o dito
do que não está escrito
nem o grito
do que foi desdito.

E agora:
o que direi?
Você não sabe
nem eu sei.

14.8.2015

Olhando

Olhei nos olhos
da vida,
nada vi
senão você
olhando-me
nos olhos,
com os olhos da
vida.

31.8.2015

Grotão

Vai com Deus,
que o diabo abre mão
de tua companhia:
com toda essa gente do petrolão
saindo pelo ladrão,
ele não tem vaga de parceria
nem p'ros santos do grotão.

28.10.2015

Adailson

Para o Adailson,
que no volante é um ás,
amassa o de frente e o de trás,
cuidado, pois, com o rapaz
e de tudo quanto é capaz –
Arreda Satanás!

29.10.2015

História

Perguntei à história
qual é a história
da história?
A minha história,
respondeu a história,
é a tua história,
é a nossa história
que a história
historia...

30.10.2015

Resposta

No sorriso triste
de teu olhar,
a resposta muda
a tudo
o que ousaste
sonhar.

9.11.2015

Pincel

Pincel de sonhos
nas cores da noite,
sombras de luz
no ocaso dos dias.

9.11.2015

Você

Aí está você,
buscando em si
as dobras da vida
dispersas no mundo
perdidas no tempo.

24.11.2015

Quem?

Se não você,
quem
ouve
o surdo clamor
de minha angústia?

25.11.2015

Gerúndio

Para Bruno

Estando,
mas não sendo.
Olhando,
mas não vendo.
Caminhando,
mas não chegando.
Existindo,
mas não vivendo.
Transitando.

19.4.2016

Vou-me Embora pra Brasília

*por Manuel Sem Bandeira
e Jacó da Bandalheira*

Vou-me embora pra Brasília,
      lá sou amigo da lei,
            terei o dinheiro que eu quero
no banco que escolherei:
    Okei!

20.4.2016

Bússola

Olhei para o alto:
a estrela deu uma piscada,
o cometa, uma rabanada.

Olhei para baixo:
a terra deu uma abalada,
o mar, uma estourada.

Olhei para o lado:
– O que vejo
com a vista embaralhada?
Dilma na porrada;
Temer na cantada.

25.4.2016

Mal-Dito

Quem me dera
acreditar
no que não acredito.
Eu poderia então dizer
o que nem sempre tenho dito
e, ao verbo maldito,
eu diria em alta voz
ou em fundo escrito
você é uma megera.

19.5.2016

Discurso

Ao impulso
do discurso
refiz meu percurso
arrastado
sem recurso
pelo tropel convulso
do cotidiano insulso
de condenado e expulso.

23.5.2016

Senso

Dispenso
o consenso
do bom senso
porque o contrassenso
do dissenso
é o que penso
sem o incenso
do senso.

31.5.2016

Escritor

Adstrito
ao escrito
da escritura,
o escritor
escreve
o inscrito
no circunscrito
do escrito.

3.6.2016

O Livro

Para Roberto Romano

O Livro não pretende ser
o Livro dos Livros
na biblioteca do livro,
mas não deixa de ser
para a leitura
de um leitor como o senhor
um bom livro sobre livros.

5.6.2016

Azul Sobre Anil

Governo uterino
Governo interino
Governo viperino
Viva o Brasil!
Azul sobre anil!

13.6.2016

Fim

O animal em mim
diz que chegou ao fim,
pois está escrito que é assim;
mas, neste ínterim
soa o toque de um tamborim:
é o bloco do Serafim
chamando a alma para o festim
da vida eterna do querubim.

27.6.2016

Sempre

Juntos caminhamos
pela estrada da vida
na esperança do amanhã
desfeito no amanhecer.

27.6.2016

Ser

Cada dia:
um século;
cada noite:
um milênio.
Cada palavra,
uma presença.
Cada silêncio,
uma reminiscência.
Cada vivência
uma existência.

27.6.2016

Bem e Mal-sucedido

Era sabido
que não fora esquecido
que não seria descabido
o que havia acontecido
e foi bem-sucedido.

Era sabido
que não fora esquecido
o que seria descabido
o que havia acontecido
e foi mal-sucedido.

26.7.2016

Voo Amigo

Com o olho fito
na ponta do meu umbigo
sonhei com a mosca azul
em seu voo amigo.
Eu disse então cá, comigo,
ninguém como você
para zumbir aos quatro ventos
o valor que abrigo.

29.9.2016

Re-canto

Canto
o canto
de meu canto
no encanto
de seu desencanto.

Decanto
o canto
de meu canto
no desencanto
de seu encanto.

27.10.2016

Tempo de Espera

Eu quis compor um poema
sem palavras nem imagens,
puro som de minha angústia
num tempo de espera
no espaço da vida.

16.11.2016

Silêncio

Na escuta
que não te ouve
tua voz grita
o seu silêncio.

17.11.2016

O Rito em Atrito

O rito
que não está descrito
não é detrito
do mandamento escrito.

Ou repito

O rito
que está descrito
é detrito
do mandamento inscrito.

Ou não repito

O mandamento
que não é detrito
está inscrito no rito
que está descrito.

12.12.2017

Vez

Era uma vez...
Mas não a sua vez,
com a qual você tanto sonhou,
por sua vez,
e que não veio tampouco,
desta vez.

Será que um dia você vai ter vez?
Pergunte cada vez,
outra vez...

18.12.2017

Da Sombra

Da sombra noturna
de meus desejos
desprendeu-se
a imagem soturna
dos rostos
que não revejo.

18.12.2017

Miragem

Sepulto
na velha esperança
ele não renasce
pela nova promessa
da ilusão reacesa.

31.12.2017

Lixeira

Hirto
na sua estátua de superhomem,
com pétreos olhos de visionário,
desfaz-se nos montões de estilhaços,
que a lixeira da realidade
recebe na boca do cotidiano.

1.1.2018

Fuzarca

Zé Pereira, tchim-bum!
Verde-amarelo, azul e branco.
Céu de verão.
Noite de paixão.
Não tem mocinha nem verão.
É Maria com João.

1.1.2018

Banzé

A cuica roncou
o tamborim atacou.
Saci-Pererê caiu
no banzé
e não teve Maria
nem Mané:
todo mundo
era um só pé,
no terreiro do Josué.

23.1.2018

Ninharia

Quem pensaria
que você um dia
se atreveria a escrever
um livro de ninharia.
E diria,
que é poesia?

23.1.2018

Salve!

Espocar de foguetes,
rufar de tambores,
clangor de clarins:
patriotas a postos!
Salve o rutilante pendão
da eterna promessa,
hoje sepulta
no jazigo perpétuo
do mito.

25.1.2018

Visão

Schabat[1] dos tempos
no sétimo espaço de Ein-sof[2]:
translúcida antevisão do cabalista.
Última Sefirá[3] da emanação
no Big-bang da criação:
beatífica visão do Hassid[4].

31.1.2018

---
1. *Schabat*: sábado.
2. *Ein-sof, En Sof* ou *Ensof*: Sem fim.
3. *Sefirá*: a Esfera que governa o mundo (10ª Sefirá, a última).
4. *Hassid*: homem piedoso.

o escritor escreve o inscrito no circunscrito do descrito o escritor adstrito ao escrito da escritura,

Título	*Jogo de Palavras*
Autor	J. Guinsburg
Editor	Plinio Martins Filho
Produção editorial	Aline Sato
Capa	Ateliê Editorial
Editoração eletrônica	Camyle Cosentino
Formato	14 x 21 cm
Tipologia	Bembo
Papel	Pólen Bold 90 g/m² (miolo)
Número de páginas	96
Impressão do miolo	Forma Certa
Impressão da capa	Nova Impress
Acabamento	Kadoshi